【改訂版】
英語の正しい発音の仕方
（基礎編）

●岩村圭南 著●

KENKYUSHA

はじめに

　高校レベルでのオーラル・コミュニケーションの導入に伴い、音声英語に対する関心がますます高まってきている。また、外国人教員（ALT）と接する機会も、徐々にではあるが、増えつつある。このような状況の中で、英語の発音練習をもう一度基本からやり直したい、と思っている学生は少なくないだろう。しかし、いざ練習をしようとしても、どのようにしたらいいのか分からない、また、手頃なテキストがない、などの問題があり、ついやり直しのきっかけをつかめないままでいる場合が多いのではないか。本書はそのような皆さんのために書かれた「英語の発音を基礎からやり直すためのテキスト」である。

　本書の目的は次の2点にある。
　(1) 英語の基本的な発音方法を体得する。
　(2) 発音記号と発音の関係をしっかり理解する。

　作成にあたっては、以下の点に留意した。
1. 専門用語を極力避け、分かりやすいことばを用いて発音の仕方を簡潔に説明するように心掛けた。
2. 発音のこつがイメージできるようにイラストを工夫した。
3. 単語は極力中学で既習のものを使用した。
4. 例文は日常会話で頻繁に用いられる表現を提示するように心掛けた。
5. hooked schwa ([ɚ]) を使った発音記号も併記した。

　なお、練習の際には、別売のCDを活用されることをお薦めする。本書が英語の発音を基礎からやり直すためのきっかけとなれば幸いである。
　最後になったが、本書を発刊するにあたってご協力いただいた研究社の編集の方々、また、録音にご協力くださったLynn Kane氏に感謝の意を表したい。

　　　　　　　　　　　　　　　　　　　　　　　　　　　　岩村　圭南

本書の効果的な利用法

　本書では英語の23の母音（二重母音等も含む）、25の子音（半母音・子音連鎖も含む）を取り上げている。個々の音の発音方法は、以下のような構成で説明されている。

(1) イラスト：発音のこつがつかめるようなヒントを提示。
(2) [例]：目標音を含む語を3つ列挙（中学で既習の単語）。
　　CDには2回ずつ録音されている。
(3) [発音の仕方]：目標音を正しく発音するための方法を具体的に分かりやすく説明。
(4) [暗記例文]：目標音を含む日常会話で頻繁に用いられる英文を提示。
　　CDには1回目はゆっくりとしたスピードで、2回目は自然なスピードで録音されている。
(5) [練習]：目標音を含む語をさらに3つ列挙。

【効果的な利用法】

　以下の要領で発音練習をするとよい。
(1) [例]の発音を繰り返し聞き、目標音のイメージをつかむ。同時に、発音と発音記号の関係を理解する。
(2) [発音の仕方]およびイラストを参考にし、目標音を繰り返し発音しながら、発音する際のこつをつかむようにする。
(3) [暗記例文]を目標音に注意しながらCDの流れに合わせて音読する。自分で繰り返し練習をした後で、実際に自分の読みを録音し、模範読みと比較してみるとよい。
(4) [練習]の語例を発音し、目標音の発音方法を再度自分でチェックする。

目　次

はじめに …………………………………………………………………… iii
本書の効果的な利用法 ……………………………………………………… iv

1. [iː] ……………………… 1	25. [t] [d] ……………………… 13
2. [ɪ] ……………………… 1	26. [k] [g] ……………………… 14
3. [e] ……………………… 2	27. [f] ……………………… 14
4. [æ] ……………………… 2	28. [v] ……………………… 15
5. [ɑ] ……………………… 3	29. [θ] ……………………… 15
6. [ɑː] ……………………… 3	30. [ð] ……………………… 16
7. [ɑːr] ……………………… 4	31. [s] ……………………… 16
8. [ʌ] ……………………… 4	32. [z] ……………………… 17
9. [ə] ……………………… 5	33. [ʃ] ……………………… 17
10. [əːr] ……………………… 5	34. [ʒ] ……………………… 18
11. [ɔː] ……………………… 6	35. [tʃ] ……………………… 18
12. [ɔːr] ……………………… 6	36. [dʒ] ……………………… 19
13. [ʊ] ……………………… 7	37. [ts] ……………………… 19
14. [uː] ……………………… 7	38. [dz] ……………………… 20
15. [eɪ] ……………………… 8	39. [h] ……………………… 20
16. [aɪ] ……………………… 8	40. [m] ……………………… 21
17. [ɔɪ] ……………………… 9	41. [n] ……………………… 21
18. [aʊ] ……………………… 9	42. [ŋ] ……………………… 22
19. [oʊ] ……………………… 10	43. [l] ……………………… 22
20. [ɪər] ……………………… 10	44. [r] ……………………… 23
21. [eər] ……………………… 11	45. [j] ……………………… 23
22. [ʊər] ……………………… 11	46. [w] ……………………… 24
23. [aɪər] ……………………… 12	47. [hw] ……………………… 24
24. [p] [b] ……………………… 13	48. [pl] [tr] [st] ……………………… 25

— v —

1. [iː]

[例]　① s<u>ea</u>　② cl<u>ea</u>n　③ k<u>ee</u>p

[発音の仕方]
　[iː]を正しく発音するポイントは唇を横に引っ張るように開くことである。怒った時などによく「イーだっ！」と言う場合があるが、あの［イー］をイメージすればよい。

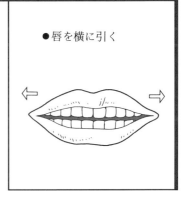
●唇を横に引く

[暗記例文]　I didn't m<u>ea</u>n to hurt P<u>e</u>ter's f<u>ee</u>lings.

（練習）　m<u>ee</u>t / sl<u>ee</u>p / pl<u>ea</u>se

2. [ɪ]

[例]　① b<u>i</u>g　② g<u>i</u>ve　③ s<u>i</u>ck

[発音の仕方]
　[ɪ]は日本語の［イ］と［エ］の中間の音である。発音記号からそのまま［イ］と発音してしまいがちだが、口をあまり開けずに、軽く［エ］と発音した方がより［ɪ］らしさが出る。

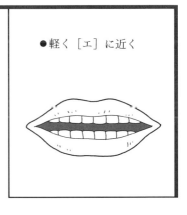
●軽く［エ］に近く

[暗記例文]　I th<u>i</u>nk <u>i</u>t's very <u>i</u>nteresting.

（練習）　f<u>i</u>sh / r<u>i</u>ch / s<u>i</u>ster

3. [e]

[例] ① b<u>e</u>d ② l<u>e</u>t ③ m<u>e</u>n

[発音の仕方]

　日本語の[エ]によく似た音である。口を少し開くようにして[エ]と発音すればよい。あまり伸ばしすぎてしまうと[æ]との区別がつきにくくなるので、注意が必要である。

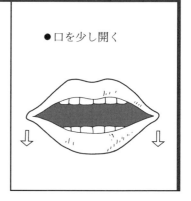

●口を少し開く

[暗記例文]　I m<u>e</u>t T<u>e</u>d y<u>e</u>sterday.

(練　習)　h<u>e</u>ad / el<u>e</u>ven / br<u>e</u>ad

4. [æ]

[例] ① c<u>a</u>t ② m<u>a</u>n ③ h<u>a</u>ppy

[発音の仕方]

　唇を左右に大きく開き、[エ]と[ア]を一緒に出すようなつもりで発音するとよい。多少長めに強く発音するように心掛ける。

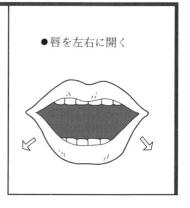

●唇を左右に開く

[暗記例文]　I'm gl<u>a</u>d that he will come b<u>a</u>ck to J<u>a</u>pan soon.

(練　習)　s<u>a</u>d / <u>a</u>pple / S<u>a</u>turday

—2—

5. [ɑ]

[例] ① b<u>o</u>x ② h<u>o</u>t ③ st<u>o</u>p

[発音の仕方]

　口を大きく開け(歯医者さんで口を大きく開ける感じ)、のどの奥の方から[ア]と発音する。アメリカ英語では、[ɑ]が[ɔ](口を開け、唇を少し丸めるようにして[オ]と発音する)の代わりによく用いられる。

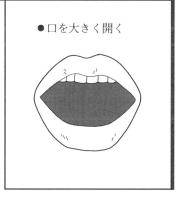

●口を大きく開く

[暗記例文]　It's eleven o'cl<u>o</u>ck by my w<u>a</u>tch.

(練習)　sh<u>o</u>p / p<u>o</u>cket / d<u>o</u>llar

6. [ɑː]

[例] ① p<u>a</u> ② m<u>a</u> ③ f<u>a</u>ther

[発音の仕方]

　口を大きく開け、のどの奥の方から[アー]と発音する。[ɑ]を伸ばして発音すればよい。こもったような暗い感じの音色にすることがポイント。

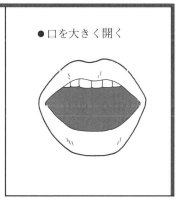

●口を大きく開く

[暗記例文]　My f<u>a</u>ther likes to go to a sp<u>a</u>.

(練習)　c<u>a</u>lm / p<u>a</u>lm / sp<u>a</u>

—3—

7. [ɑːr] / [ɑɚ]

[例] ① are ② arm ③ art

[発音の仕方]
[r]があるからといって、舌を極端に反(そ)らせて発音する必要はない。口を大きく開け[ɑː]と発音した後に、少し舌先を上げ、[r]を付け足すような感じで軽く発音すればよい。

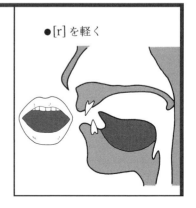

●[r]を軽く

[暗記例文] They are working very hard on the farm.

(練 習) dark / garden / large

8. [ʌ]

[例] ① cut ② bus ③ run

[発音の仕方]
口をあまり開けずに、短くはっきりとのどの奥の方から[ア]と発音する。伸ばして発音しないように注意。runとranを交互に発音しながら[ʌ]と[æ]の違いを感じ取るようにするとよい。

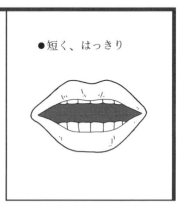

●短く、はっきり

[暗記例文] Please come and have lunch with us.

(練 習) just / lucky / husband

―4―

9. [ə]

[例] ① across ② again ③ afraid

[発音の仕方]
曖昧母音の [ə] は強勢のない位置に現れる母音である。したがって、力を抜いて発音することが一番のポイントとなる。口を少し開け、軽く曖昧に [ア] と発音すればよい。

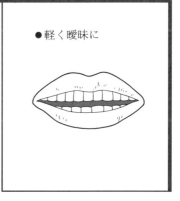
●軽く曖昧に

[暗記例文] We're going to talk about America today.

(練習) station / kitchen / banana

10. [əːr] / [ɚː]

[例] ① bird ② her ③ earth

[発音の仕方]
舌先を丸め過ぎると変にこもった音になってしまう。丸めるというよりも、舌を奥に引っこめるという感じで [アー] と発音する。あごを多少引くようにすると発音しやすくなる。

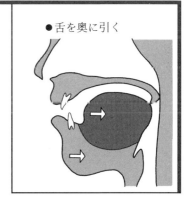
●舌を奥に引く

[暗記例文] The girl woke up very early this morning.

(練習) first / learn / journey

11. [ɔː]

[例] ① all ② small ③ wall

[発音の仕方]
日本語の[オー]を、口を開き気味にし、唇を少し丸めて発音した時の音が[ɔː]である。発音に際しては、舌の奥の方に少し力を入れるようにするとよい。

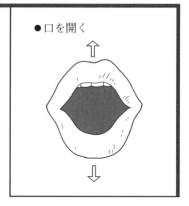
●口を開く

[暗記例文] Paul is tall and has long hair.

(練 習) bought / caught / August

12. [ɔːr] / [ɔɚ]

[例] ① door ② more ③ four

[発音の仕方]
[ɔː]の後につづけて[r]を発音する。その際に、あまり舌先を丸めすぎないように注意が必要である。舌先を軽く上げて[r]を後から付け足すように発音する。

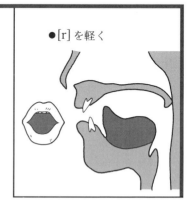
●[r]を軽く

[暗記例文] Knock on the door before you come in.

(練 習) store / floor / morning

13. [ʊ]

[例] ① g<u>oo</u>d ② c<u>oo</u>k ③ f<u>oo</u>t

[発音の仕方]
　[オ]を発音する時の唇の丸め方をイメージしながら[ウ]と発音する。日本語の[ウ]を[ʊ]に近づける一番の方法は唇を丸めて発音することである。

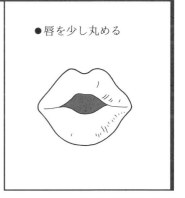
●唇を少し丸める

[暗記例文]　C<u>ou</u>ld you p<u>u</u>t this b<u>oo</u>k up there?

(練　習)　l<u>oo</u>k / p<u>u</u>ll / sh<u>ou</u>ld

14. [uː]

[例] ① c<u>oo</u>l ② wh<u>o</u> ③ r<u>u</u>le

[発音の仕方]
　[uː]は、[ʊ]の時よりもさらに唇を丸め、前に少し突き出すようにして発音する。熱い物を「フーフー」といって冷ます時の唇をイメージしながら[ウー]と長めに発音する。

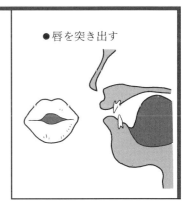
●唇を突き出す

[暗記例文]　He's going to m<u>o</u>ve s<u>oo</u>n.

(練　習)　fr<u>u</u>it / m<u>oo</u>n / sch<u>oo</u>l

15. [eɪ]

[例]　① d<u>ay</u>　② f<u>a</u>ce　③ g<u>a</u>me

[発音の仕方]
　[エ][イ]と別々に発音したり、[エー]と伸ばしただけの発音にならないように注意したい。口を開き気味にして[e]を強く長く、さらに続けて流れるように[ɪ]を弱く短く発音すればよい。

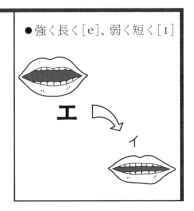
● 強く長く[e]、弱く短く[ɪ]

[暗記例文]　M<u>ay</u> I have your n<u>a</u>me?

(練　習)　p<u>ay</u> / r<u>ai</u>n / st<u>ay</u>

16. [aɪ]

[例]　① <u>eye</u>　② ch<u>i</u>ld　③ t<u>i</u>me

[発音の仕方]
　日本語の[ア]を強く長めに発音し、その後に付け加えるように軽く(弱く短く)[エ]と発音する。2つの音を別々にではなく流れるように[アーェ]と発音した方がより[aɪ]に近くなる。

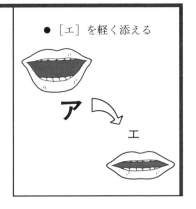
● [エ]を軽く添える

[暗記例文]　Wh<u>y</u> don't we go to the movies ton<u>igh</u>t?

(練　習)　f<u>i</u>ne / n<u>i</u>ce / r<u>igh</u>t

17. [ɔɪ]

[例] ① j<u>oy</u>　② t<u>oy</u>　③ v<u>oi</u>ce

[発音の仕方]
　口を大きめに開き、さらに唇を少し丸めるようにして［オー］と発音した後に、軽く（弱く短く）［エ］を付け加える。［オーェ］という感じで発音する。

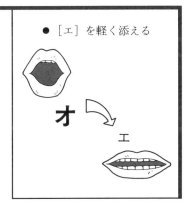

[暗記例文]　The b<u>oy</u>s were so n<u>oi</u>sy.

(練習)　p<u>oi</u>nt / n<u>oi</u>se / enj<u>oy</u>

18. [aʊ]

[例] ① n<u>ow</u>　② l<u>ou</u>d　③ <u>ou</u>t

[発音の仕方]
　日本語の［ア］を強く長めに発音し、その後に付け加えるように軽く（弱く短く）［オ］と発音する。［アーォ］と発音した方がより［aʊ］の音に近くなる。

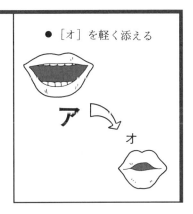

[暗記例文]　H<u>ow</u> ab<u>ou</u>t going to her h<u>ou</u>se?

(練習)　c<u>ow</u> / m<u>ou</u>th / t<u>ow</u>n

—9—

19. [oʊ]

[例] ① c<u>o</u>ld ② sl<u>ow</u> ③ m<u>o</u>st

[発音の仕方]
　少し唇を丸め[オ]を強く長めに発音し、続けてさらに唇を丸めて軽く(弱く短く)[ウ]を付け足すようにする。[オーゥ]と流れるような感じで発音するとよい。

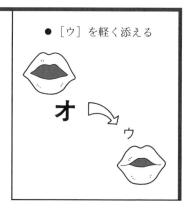
● [ウ]を軽く添える

[暗記例文] I d<u>o</u>n't kn<u>ow</u> how to <u>o</u>pen it.

(練 習) g<u>o</u> / h<u>o</u>ld / sh<u>ow</u>

20. [ɪər] / [ɪɚ]

[例] ① <u>ear</u> ② d<u>eer</u> ③ h<u>ere</u>

[発音の仕方]
　[ɪ]を強めに発音し、その後に少し舌先を上げて[r]を添えるようにする。[ə]をあまり意識することはない。一つ一つの音を別々に発音するのではなく、流れるように発音する。

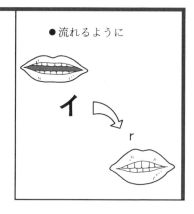
●流れるように

[暗記例文] I couldn't h<u>ear</u> what the engin<u>eer</u> said.

(練 習) b<u>eer</u> / f<u>ear</u> / n<u>ear</u>

21. [eər] / [eɚ]

[例] ① air ② hair ③ their

[発音の仕方]
口を開き気味に [エ] と発音し、この後に舌先を少し上げて [r] を付け加えるようにする。[ə] を意識し過ぎて発音の自然な流れを崩さないように注意したい。

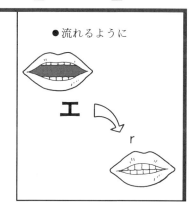

[暗記例文] I'll drive my parents to the airport.

(練 習) bear / chair / pair

22. [ʊər] / [ʊɚ]

[例] ① poor ② sure ③ tour

[発音の仕方]
唇を少し丸めて [ウ] と発音し、この後に軽く [r] を付け加えるようにする。[ɔ] を無理に発音する必要はない。自然な流れを崩さないように注意したい。

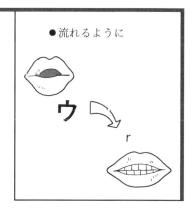

[暗記例文] I'm sure your father will be fine.

(練 習) curious / during / surely

23. [aɪər] / [aɪɚ]

［例］ ① fire ② hire ③ tired

［発音の仕方］
　［アェ］（［エ］は弱く）の後に、続けて舌先を少し上げるようにして [r] を付け足す感じで発音する。一つ一つの音を区切らずに、まとまった一つの音のつもりで流れるように発音する。

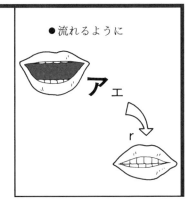

［暗記例文］ Prices are getting higher and higher.

（練習） liar / wire / retire

24. [p] [b]

[例] ① pen ② paper
　　 ③ bag ④ buy

[発音の仕方]
特に [p] のすぐ後に強勢を受けた母音がくる場合には、唇に力を入れ破裂させる（息を多めに出す）ように発音する。[b] の場合はそれほど破裂を強調する必要はない。

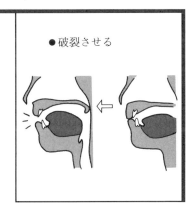

●破裂させる

[暗記例文]　You had better park your car here.

(練習)　picnic / picture / best / building

25. [t] [d]

[例] ① tea ② tall
　　 ③ desk ④ dish

[発音の仕方]
[t] も、[p] 同様、破裂の要素を強調することが大切である。舌先をしっかり上につけ、舌先から少し多めに息を出すように発音すればよい。[d] はそれほど破裂を強調しなくてもよい。

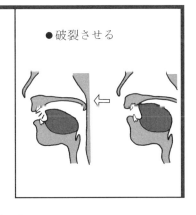

●破裂させる

[暗記例文]　Did you talk with the teacher?

(練習)　take / team / deep / dinner

26. [k] [g]

[例] ① kind ② keep
③ get ④ gate

[発音の仕方]
　[k][g]も破裂音の仲間である。特に[k]のすぐ後に強勢のある母音がくる場合には、舌の後ろの方をしっかり上に押しあて、いったん息を止め、息を多めに出すように発音する。

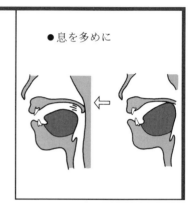

●息を多めに

[暗記例文]　Could you give me another glass of iced coffee?

(練習)　kitchen / Canada / game / gold

27. [f]

[例] ① face ② fall ③ friend

[発音の仕方]
　上の歯を下唇の少し内側に軽くつけ摩擦をさせるようにして[f]と発音する。この「少し内側」がポイントである。[fffff]と連続して発音し、摩擦の感触をつかむようにするとよい。

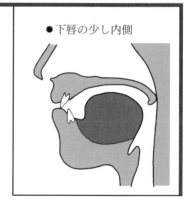

●下唇の少し内側

[暗記例文]　His father will visit France in February.

(練習)　family / photo / famous

28. [v]

[例] ① vase ② value ③ village

[発音の仕方]
　発音の要領は [f] と同じである。上の歯と下唇で摩擦をさせるように [v] と発音する。唇を多少横に開き交互に [fvfvfv] と引き伸ばして発音し、両者の違いを感じ取る練習が効果的。

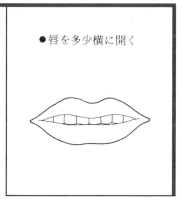
●唇を多少横に開く

[暗記例文]　You have a very good voice.

(練 習)　live / five / everyone

29. [θ]

[例] ① thank ② thing ③ three

[発音の仕方]
　舌先を上の歯と下の歯の間から少し出し、摩擦させる。その際に、舌を出し過ぎたり、摩擦を強調し過ぎたりしないように注意したい。

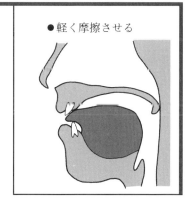
●軽く摩擦させる

[暗記例文]　I thought that he would be thirty this year.

(練 習)　mouth / month / tooth

30. [ð]

[例] ① this ② that ③ they

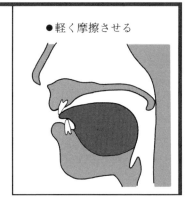
●軽く摩擦させる

[発音の仕方]
　発音の要領は [θ] と一緒である。力が入り日本語の [ズ] にならないように注意。あまり摩擦を強調する必要はない。舌先と上の歯の間で軽く摩擦させればよい。

[暗記例文] They know each other well.

(練習) with / brother / together

31. [s]

[例] ① say ② see ③ sit

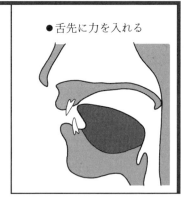
●舌先に力を入れる

[発音の仕方]
　[s] を正しく発音するには、舌先を上の歯の少し後ろあたりに近づけ、力を入れて発音する必要がある。[i:] や [ɪ] の前で日本語の [シ] にならないように注意したい。

[暗記例文] This question seems to be very simple.

(練習) sing / sister / season

32. [z]

［例］ ① doe*s* ② lo*s*e ③ ea*s*y

［発音の仕方］
　[z]を発音する際には、[s]ほど舌先に力を入れる必要はない。少し力を抜き、多少伸ばすようにして発音する。舌先を上につけてしまうと[dz]の発音になってしまうので要注意。

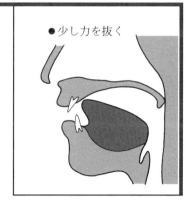
●少し力を抜く

［暗記例文］ I'm too bu*s*y to go to the *z*oo with you.

（練 習） noi*s*y / la*z*y / tho*s*e

33. [ʃ]

［例］ ① *sh*ip ② *sh*y ③ *sh*all

［発音の仕方］
　日本語の［シ］を[ʃ]に近づける方法は唇を少し丸めて［シ］と発音することである。また、いくぶん力を入れて発音すれば、より[ʃ]の特徴が出るようになる。

●唇を丸める

［暗記例文］ *Sh*ow me your new *sh*oes.

（練 習） fi*sh* / di*sh* / wa*sh*

34. [ʒ]

[例]　① usual　② television
　　　③ Asia

[発音の仕方]

[ʃ]をのどをふるわせて発音すれば[ʒ]になるが、唇を少し丸め、力を抜いて発音したほうが[ʒ]らしさが出る。変に力むと、舌先が上につき[dʒ] (p.19参照) になってしまう。

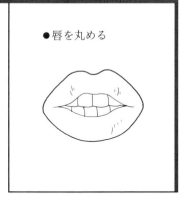

●唇を丸める

[暗記例文]　I usually watch television on Saturday nights.

(練　習)　pleasure / measure / leisure

35. [tʃ]

[例]　① child　② chair　③ chance

[発音の仕方]

特に強勢を受けた母音の前では、唇を少し丸め、破裂を強調するように舌先から息を多めに出して[tʃ]と発音する。舌先に少し力を入れるようにするとより[tʃ]らしくなる。

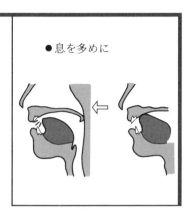

●息を多めに

[暗記例文]　He teaches French at the church.

(練　習)　beach / catch / March

36. [dʒ]

[例] ① jo<u>b</u> ② <u>j</u>u<u>dg</u>e ③ <u>J</u>uly

[発音の仕方]
発音の要領は [tʃ] と同じである。特に強勢を受けた母音の前では、唇を少し丸め、舌先に力を入れ、破裂を強調するように舌先から少し多めに息を出す。

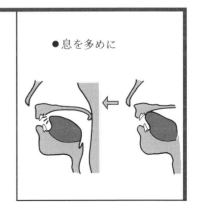

●息を多めに

[暗記例文] <u>J</u>ack en<u>j</u>oyed traveling by <u>j</u>et.

(練 習) ① a<u>g</u>e ② lar<u>g</u>e ③ stran<u>g</u>e

37. [ts]

[例] ① ca<u>ts</u> ② ha<u>ts</u> ③ i<u>ts</u>

[発音の仕方]
[ts] は、ほとんどが語尾に現れるので、余分な [ウ] をつけて [tsu] と発音しないように注意したい。また、[s] の部分を多少引き伸ばすように発音するとよい。

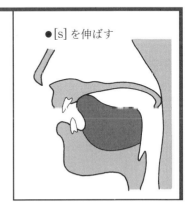

●[s] を伸ばす

[暗記例文] Mary ea<u>ts</u> lo<u>ts</u> of swee<u>ts</u>.

(練 習) ① si<u>ts</u> ② cu<u>ts</u> ③ bea<u>ts</u>

38. [dz]

[例] ① bir<u>ds</u> ② han<u>ds</u> ③ wor<u>ds</u>

[発音の仕方]
　[ts]をのどを震わせて発音すると[dz]になる。発音に際しては[dz]と[z]をしっかり区別することが大切である。[dz]は舌先をいったん上に付けてから発音する。語尾に来る[dz]は日本語の[ツ]のように発音されることがある。

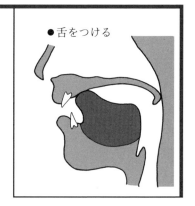
●舌をつける

[暗記例文]　She sen<u>ds</u> Christmas car<u>ds</u> to her frien<u>ds</u> every year.

(練　習)　① en<u>ds</u>　② fin<u>ds</u>　③ spen<u>ds</u>

39. [h]

[例] ① <u>h</u>ard ② <u>h</u>igh ③ <u>h</u>ouse

[発音の仕方]
　[h]を発音するポイントは、のどの奥の方から息を出すようにすることである。寒い日に「ホーホー」と手に息を吹きかけることがあるが、あの時の音をイメージすればよい。[ʊ]や[uː]の前では日本語の[フ]にならないように注意。

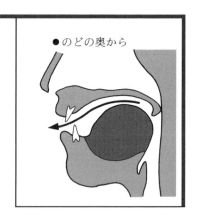
●のどの奥から

[暗記例文]　<u>H</u>ow <u>h</u>appy <u>h</u>e is!

(練　習)　① <u>wh</u>o　② <u>wh</u>ole　③ <u>h</u>undred

40. [m]

[例] ① must ② many ③ music

[発音の仕方]

少し強めに唇を閉じ、鼻から息を抜くようにする。その際に、少し伸ばすように発音して鼻音の要素を強調するとよい。[m, m, m, m] と断続的に発音して鼻から息を抜く要領を感じ取るようにしてほしい。

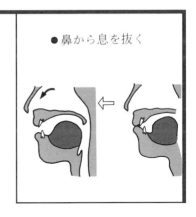

●鼻から息を抜く

[暗記例文]　Mike wants some more milk.

(練 習)　① some ② summer ③ classroom

41. [n]

[例] ① new ② nose ③ number

[発音の仕方]

特に語尾の [n] は、舌先を歯茎(はぐき)のあたりにしっかりつけ、鼻音の要素を強調するように引き伸ばして発音するとよい。one を繰り返し発音し、[n] の持つ響きを感じ取る練習が効果的。

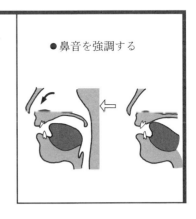

●鼻音を強調する

[暗記例文]　I know what you mean.

(練 習)　① one ② rain ③ plane

42. [ŋ]

[例] ① lo<u>ng</u> ② ki<u>ng</u> ③ bri<u>ng</u>

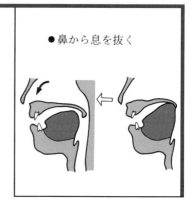
●鼻から息を抜く

[発音の仕方]
　[ŋ]を発音する際には、[ŋg]と余分な[g]が入らないようにしなければならない。それには少し長めにゆっくりと鼻から息を抜きながら発音するように心掛けるとよい。

[暗記例文]　I heard a you<u>ng</u> boy si<u>ng</u>i<u>ng</u> a nice so<u>ng</u>.

(練 習)　① duri<u>ng</u>　② somethi<u>ng</u>　③ interesti<u>ng</u>

43. [l]

[例] ① <u>l</u>ight ② <u>l</u>ook ③ p<u>l</u>ay

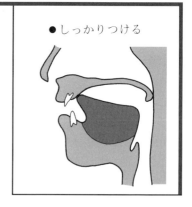
●しっかりつける

[発音の仕方]
　語頭・母音の前の[l]は、舌先を歯茎のあたりにしっかりつけ、長めに発音する。子音の前・語尾の[l]は、[ウ]を発音するようなつもりで舌先を歯茎のあたりに軽くつけるようにすればよい。

[暗記例文]　I didn't <u>l</u>isten to his <u>l</u>ecture at a<u>ll</u>.

(練 習)　① <u>l</u>ate　② <u>l</u>eave　③ <u>l</u>ibrary

44. [r]

[例] ① red ② run ③ write

[発音の仕方]

舌先を丸め過ぎて[r]を発音すると変にこもった音になってしまう。あまり舌先を丸める必要はない。その代わりに、唇を丸め、[ウ]と言うつもりで[r]を発音すると英語らしい音になる。

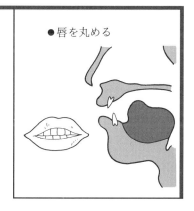
●唇を丸める

[暗記例文] Turn to the right and you'll see the restaurant.

(練習) ① rest ② rule ③ really

45. [j]

[例] ① yes ② yet ③ yours

[発音の仕方]

[j]は、[i:]よりもさらに舌を上げ、力を込めて発音しなければならないが、すばやく次の音に移行するように発音することが大切である。日本語の[イ]、英語の[i:]、[j]を順に発音し、唇と舌の動きの違いを確認するとよい。

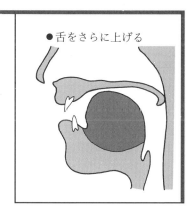
●舌をさらに上げる

[暗記例文] I haven't seen you for two years.

(練習) ① yard ② yellow ③ yesterday

46. [w]

[例] ① will ② work ③ woman

[発音の仕方]
　[w]を発音するには、[u:]よりもさらに唇を丸め突き出すようにする必要がある。[u:]が熱い飲み物を冷ます時の「フーフー」の唇なら、[w]は笛を吹く時の唇のイメージである。

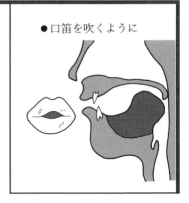

●口笛を吹くように

[暗記例文] Would you open the window?

(練習) ① winter ② wild ③ wonderful

47. [hw]

[例] ① whale ② why ③ what

[発音の仕方]
　のどの奥の方から軽く[h]を出すと同時に[w]を発音する。しかし、辞書等の発音記号[(h)w]からも分かるように、[h]は発音されないこともあるので、あまり[h]音を意識することはない。

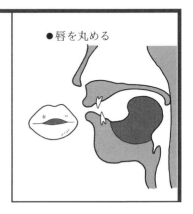

●唇を丸める

[暗記例文] Where can I find a white shirt?

(練習) ① when ② while ③ which

48. [pl] [tr] [st]

[例] ① p<u>l</u>ace ② <u>tr</u>ee ③ <u>st</u>reet

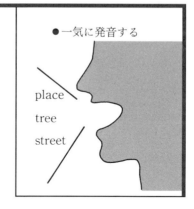

[発音の仕方]
　英語では子音がいくつか連続して出てくることがある。連続した子音を発音する際には、子音と子音の間に余分な母音を入れないように一気に発音するとよい。

[暗記例文]　I came a<u>cr</u>oss a <u>fr</u>iend of mine in the <u>st</u>ation.

(練習)　① <u>spr</u>ing ② <u>str</u>ong ③ qui<u>ckl</u>y

著者略歴
岩村圭南（いわむら けいなん）

上智大学卒業後、ミシガン大学大学院留学。修士課程修了（M.A.）。英語教授法専攻。上智短期大学助教授を経て、コンテンツ・クリエイターとして独立。NHK ラジオ第 2 放送で 10 年間にわたり「英会話レッツスピーク」、「徹底トレーニング英会話」、「英語 5 分間トレーニング」の講師を担当。『英語をめぐる冒険』（NHK 出版）、『困った場面を切り抜ける 簡単カタコト英会話』（マイナビ出版）、『1 分間英語（イングリッシュ）』シリーズ（アルク）、『20 日間完成 オーバーラッピングで音読する 絶対話せる！英文法』（サンマーク出版）など、著書多数。

【改訂版】
英語の正しい発音の仕方
（基礎編）

1994 年 1 月 30 日　初版発行
2018 年 9 月 21 日　39 刷発行
2019 年 9 月 30 日　改訂版発行
2020 年 4 月 10 日　2 刷発行

著　者　岩村圭南
発行者　吉田尚志
印刷所　研究社印刷株式会社

KENKYUSHA
〈検印省略〉

発行所　株式会社　研究社
http://www.kenkyusha.co.jp/

〒102-8152
東京都千代田区富士見 2-11-3
電話（編集）03（3288）7711（代）
　　（営業）03（3288）7777（代）
振替 00150-9-26710

Printed in Japan
ISBN 978-4-327-76490-6　C7082